LEE Y COMPARTE

Biblia

Más de 50 historias bíblicas favoritas

Historias narradas
por Gwen Elli

Ilustrad
Steve Sm

T0087424

GRUPO NELSON
Una división de Thomas Nelson Publishers
Desde 1798

© 2010, 2014 por Grupo Nelson® Publicado en Nashville, Tennessee, Estados Unidos de América.
Grupo Nelson, Inc. es una subsidiaria que pertenece completamente a Thomas Nelson, Inc.
Grupo Nelson es una marca registrada de Thomas Nelson, Inc. www.gruponelson.com

Título en inglés: *Read and Share® Bible*
© 2007 por Thomas Nelson, Inc.
Publicado por Thomas Nelson, Inc. en asociación con Lion Hudson plc.

Historias narradas por Gwen Ellis
Ilustradas por Steve Smallman

Editora en Jefe: *Graciela Lelli*
Traducción: *Ammi Publishers International*
Adaptación del diseño al español: *Grupo Nivel Uno, Inc.*

ISBN: 978-0-52910-437-3

Impreso en China
Printed in China

Edición mundial coproducida por Lion Hudson plc, Mayfield House,
256 Banbury Road, Oxford OX2 7DH, England.
Teléfono: +44 (0) 1865 302750; Fax: +44 (0) 1865 302757;
Email: coed@lionhudson.com. www.lionhudson.com

22 23 24 25 DSC 9 8 7 6 5

Contenido de la Biblia

Consejos prácticos sobre cómo utilizar la Biblia

- Lea estas historias en voz alta a sus niños. Dramatice la historia mientras la lee. Haga a los leones *rugir* y *retumbar* al trueno. A los niños les encantará la historia, escucharán, responderán y recordarán. Los niños mayores se beneficiarán de la lectura independiente de estas historias además de escuchar la lectura en voz alta.

- Cuando termine la historia, discuta las preguntas, pensamientos y la información extra en los recuadros al final de las historias. Este intercambio y discusión provocará que este libro de historias bíblicas sea único y ayudará al niño a centrarse en el significado real de las historias. No desaproveche este importante elemento.

- Utilice el libro como herramienta de ayuda para refrescar su memoria sobre historias favoritas. Incluso podría escuchar alguna que antes no escuchó. De cualquier modo, acójalo como una experiencia instructiva tanto para usted como para su niño.

- Emplee las historias de la *Biblia lee y comparte* como parte del estudio bíblico familiar, en las clases de escuela dominical, para la hora de dormir o cualquier otro momento especial de lectura con niños.

El primer Día

Génesis 1:1–5

En el principio Dios hizo el cielo y la
tierra. Al comienzo la tierra estaba
vacía y oscura, pero Dios formó la luz y
la llamó *día*.

Luego Dios separó la oscuridad y la llamó *noche*. Dios cuidaba de todo.

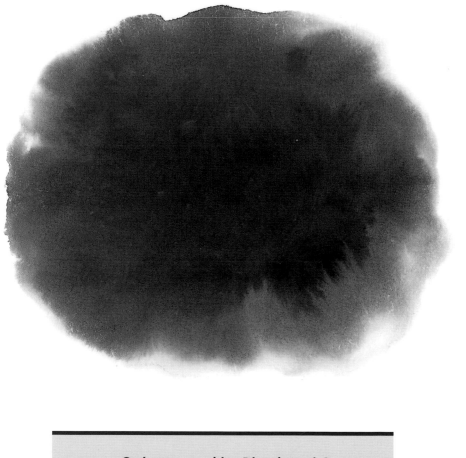

El segundo Día

Génesis 1:6-8

En el día dos Dios dividió el aire del agua. Él puso un poco de agua por encima del aire y otro por debajo. Dios llamó al aire *cielo*.

Al siguiente día Dios hizo algo que a muchos niños les
gusta, especialmente en el verano. ¿Adivina qué es?

El tercer día

Génesis 1:9–13

En el tercer día Dios estuvo ocupado.
Él hizo océanos, lagos, cascadas y ríos.
También hizo la tierra seca.

Luego hizo las plantas. Él hizo tantos tipos de árboles, flores y arbustos diferentes que nadie los puede contar todos. Dios dijo que su trabajo era bueno.

¡Tremendo! Dios hizo tantas cosas ese día. Sin embargo, ¿puedes adivinar qué falta?

El cuarto día

Génesis 1:14–19

En el cuarto día Dios puso el sol en el cielo para calentar la tierra. Entonces vio que la noche estaba muy oscura, así que puso la luna y las estrellas en el cielo.

Después Dios hizo la primavera, el verano, el otoño y el invierno. Todo lo que Él hizo era bueno.

Luego Dios hizo cositas graciosas, blanditas, que revolotean. Veamos cuáles fueron.

El quinto día

Génesis 1:20–23

El quinto día Dios hizo estrellas de mar, pulpos, ballenas y tortugas. Hizo peces pequeños y rápidos para los ríos, así como peces grandes y escurridizos para los océanos.

Dios hizo grandes aves como las águilas
para elevarse en el cielo y pajaritos
vigorosos como el colibrí. Dios hizo aves
de todas las formas, tamaños y colores.

¿Cuál pájaro te parece que es el más bonito?
¿Cuál el más fuerte?

El sexto día

Génesis 1:24–31

Al sexto día Dios hizo los animales: perritos, vacas, caballos, gatitos, osos, lagartos, ratones, gusanos y muchos más. Todo era bueno.

No obstante, algo faltaba todavía. No había personas. Así que Dios hizo una. Cuando la hizo, la hizo parecida a Él mismo. La hizo de manera que pudiera ser su amigo.

Adán y Eva

Génesis 2:1–5, 15–22; 3:20

Dios nombró al primer hombre Adán y lo puso en un huerto hermoso. Le dio todos los animales. Le dio todos los peces y también las aves.

14

Entonces Dios le dio algo más a Adán.
Dios hizo una mujer para que fuera la
esposa de Adán. El hombre nombró a su
esposa Eva. El séptimo día Dios descansó
de todo su trabajo.

**Oh, oh, algo malo estaba a punto
de suceder en la tierra.**

La serpiente engañosa

Génesis 2:16–17; 3:1–6

Dios les dio a Adán y a Eva una regla: «Coman cualquier cosa que quieran excepto la fruta del árbol que está en medio del huerto».

Una serpiente vieja y engañosa vino a Eva y le dijo: «Cómelo, así lo sabrás todo igual que Dios». Entonces Eva comió la fruta, le dio a Adán y él también comió.

Cuando desobedecemos a Dios, eso se llama *pecado*. Siempre hay consecuencias cuando desobedecemos.

Fuera del Huerto

Génesis 3:8–24

Una tarde Dios vino a visitar a Adán y
a Eva pero ellos estaban escondidos.
Cuando Dios los encontró les preguntó:
«¿Qué han hecho?» Adán le contó todo.
Dios se entristeció.

Por haber desobedecido a Dios, Adán
y Eva tuvieron que salir del hermoso
huerto. En cuanto estuvieron fuera del
huerto, Adán y Eva tuvieron que trabajar
muy duro para cultivar alimentos.

**Cuando desobedecemos, Dios se entristece
mucho y nuestros padres también.**

Noé

Génesis 6

Muchos años más tarde en la tierra
había cantidad de personas, pero la
mayoría de ellas eran malas. Un hombre,
llamado Noé, era bueno. Él obedecía a
Dios. «Quiero que construyas un barco»,
le dijo Dios a Noé.

Noé comenzó en seguida. La gente
se reía de él pues ellos vivían en un
desierto y no había agua para su barco.
Pero Noé continuó construyendo el
barco.

**¿Crees que es fácil obedecer cuando todos
se están riendo de ti?**

El gran barco

Génesis 7:1–15

Cuando estuvo listo el barco, Dios dijo
a Noé y a su familia que entraran al
barco. Entraron sus hijos Sem, Cam y
Jafet. Y también las esposas de ellos
y la de Noé.

«Ahora trae dos de cada especie animal», le dijo Dios a Noé. Noé hizo exactamente lo que Dios le dijo que hiciera y Dios lo protegió.

Algo muy mojado estaba a punto de suceder afuera.

Dentro del barco

Génesis 7:16–24

Cuando el último animal subió dentro del barco, Dios cerró la puerta. *¡Plip! ¡Plop! ¡Plip!* Comenzó a llover. Llovió tanto, que el agua estaba sobre las praderas. Llovió tanto, que el agua cubrió los pueblos. Llovió tanto, que hasta cubrió las montañas.

Pero dentro del barco, todos estaban a salvo.

El arcoíris

Génesis 8:18–22; 9:1–17

Cuando cada uno estuvo fuera del barco,
Noé construyó un altar. Él dio gracias a
Dios por mantenerlos a salvo. ¡Entonces
ocurrió algo maravilloso!

Dios puso un arcoíris hermoso en el cielo y le hizo a Noé una promesa. Dios dijo: «Nunca más habrá un diluvio como este sobre toda la tierra». Cuando Dios hace una promesa, la cumple.

Todas las promesas de Dios están en la Biblia. ¿No es maravilloso pensar en todo lo que nos ha prometido?

Abram

Génesis 12:1-3; 15:5; 22:17

Dios eligió a Abram para ser el padre de una familia muy importante. En un día futuro, Jesús vendría de esa familia.

Dios le dijo a Abram: «Yo te haré famoso. Tus hijos y nietos serán tantos como las estrellas. Serán tantos como los granos de arena en la playa. Tú no podrás contarlos».

¡Tremendo! Esa es una promesa maravillosa. ¿Cómo crees que se sintió Abram?

La tierra prometida

Génesis 12:1-9

Dios le dijo a Abram que se mudara a
un lugar nuevo. Abram no tenía mapas.
Dios le dijo: «Yo te mostraré a dónde ir».
Abram salió caminando. Llevó con él a su
mujer, su sobrino y a sus sirvientes.

Cuando Abram y su familia llegaron a una tierra llamada Canaán, Dios le dijo: «Este es tu nuevo hogar. Lo entrego a ti y a todo aquel que alguna vez sea parte de tu familia».

Si tus padres te dijeran: «Nos iremos de viaje pero no podemos decirte a dónde». ¿Confiarías en que ellos te llevan a un lugar bueno?

Sara se ríe

Génesis 18:9–16

Tres visitantes llegaron a la tienda de
Abraham. Cuando uno de ellos terminó
de comer, preguntó: «¿Dónde está Sara
tu esposa?» «Ella está allá en la tienda»,
respondió Abraham. «El próximo año
Sara tendrá un bebé», dijo el visitante.

Sara lo escuchó y se rió. Ella no podía creerlo. Pensó: *Soy muy anciana para tener un bebé y Abraham también es muy anciano.*

¿Qué tal si tu bisabuela tuviera un bebé? Sara tenía esa edad. Veamos cómo Dios mantiene su promesa.

El bebé Isaac

Génesis 21:1-7

Aproximadamente al año, Sara tuvo
un varoncito, tal como Dios lo había
prometido. Abraham llamó al bebé Isaac.
El nombre Isaac significa «risa».

Sara estaba muy feliz con su bebé. Ella dijo: «Dios me ha hecho reír. Todos los que sepan de esto reirán conmigo».

Dios puede hacer cualquier cosa, pero a veces toma tiempo ver la respuesta. ¿Qué te gustaría pedirle a Dios que hiciera por ti?

Agua para los camellos

Génesis 24:15–20

Antes de que el sirviente buscando esposa para Isaac terminara de orar, una hermosa joven, llamada Rebeca vino a cargar agua. El sirviente le preguntó: «¿Me darías un poco de agua?»

«Sí», dijo ella. «Yo daré agua a tus camellos también». Fue un trabajo fuerte. Los camellos sedientos pueden beber mucha agua. Ella iba de acá para allá sirviendo agua para todos los camellos.

¿Crees que el hombre notó cuán amable era la joven?

Los mellizos

Génesis 25:21-26

Durante muchos años Rebeca no pudo tener hijos. Así que Isaac oró al Señor por este problema. Dios escuchó a Isaac y envió dos bebés, mellizos. Cuando nacieron los mellizos, uno era todo rojizo y velludo. Isaac y Rebeca lo llamaron Esaú.

El otro mellizo tenía una piel lisa. Ellos lo llamaron Jacob. Algún día cuando fueran adultos estos niños serían los líderes de dos familias grandes.

Dios tiene las respuestas a todas nuestras oraciones.
¿Sobre qué te gustaría orar?

39

El pillo Jacob

Génesis 25:27–34

Los niños crecieron y un día Esaú regresó de cazar. Jacob estaba cocinando. «Tengo hambre. Dame un poco de ese caldo», dijo Esaú.

Jacob era un pillo. Él le dijo: «Dame tus derechos como hijo mayor y yo te daré del caldo». Esaú aceptó: «Está bien. Si muero de hambre, mis derechos no me van a ayudar».

Esaú tomó una mala decisión. Ora y pídele a Dios que te ayude a tomar decisiones buenas.

El tonto Esaú

Génesis 25:34; 27:1-37

Jacob le dio a Esaú un tazón grande de caldo y él se lo comió. Esaú ni siquiera sabía que había sido engañado.

Tiempo después Esaú comprendió lo que le costó aquel tazón de caldo. Isaac, el padre de ellos, entregó todo lo que él tenía a Jacob lo cual debió haber sido para Esaú. Este había sido un tonto. Jacob huyó de su hermano Esaú.

Esaú pensó que quería tener algo en el momento. ¿Por qué es tonto *no* pensar en las consecuencias?

Jacob lucha con Dios

Génesis 32:26-28

Tiempo después, Dios ordenó a Jacob regresar a su tierra. Cuando ya casi llegaba a casa, un sirviente le dijo: «Tu hermano Esaú viene hacia acá». Jacob pensó que Esaú venía a hacerle daño. Jacob tuvo miedo y oró: «¡Dios, sálvame de mi hermano!»

Aquella noche un hombre, quien en realidad era Dios, se le apareció. Jacob luchó con el hombre. «Bendíceme», le dijo Jacob. Dios bendijo a Jacob y le cambió su nombre por Israel.

Jacob significa «pillo». *Israel* «uno que lucha con Dios». ¿Qué tipo de persona preferirías ser?

Los sueños de José

Génesis 37:1-8

Jacob tuvo 12 hijos varones. Los amó a todos, pero amó más a José. A José le gustaba hablar de sus sueños a sus hermanos. Él les dijo que en un sueño, los doce hermanos tenían manojos de trigo.

Entonces once manojos se inclinaban a su manojo. ¡Aaaah! Esto hizo enojar a sus hermanos mayores. Ellos le dijeron: «Tú no eres el rey sobre nosotros».

Dios tenía para esta familia un plan que nadie aún podía imaginar. Dios tiene también un plan para tu familia.

El manto de José

Génesis 37:3, 12-20

Jacob le regaló a José un manto bonito de mangas largas. Esto puso celosos a sus hermanos.

Un día Jacob dijo: «José ve a chequear a tus hermanos». Así que José salió tranquilamente. Sus hermanos lo vieron venir. «Ahí viene el soñador», dijeron. «Librémonos de él». ¡Ten cuidado, José!

**Aquellos hermanos tramaban algo malo.
¿Qué le harían a José?**

Venden a José

Génesis 37:21-28

Los hermanos odiaban a José. Sin embargo, uno de ellos dijo: «No le hagamos daño. Sólo echémosle en este pozo». Él planeaba rescatar más tarde a José. Así que le quitaron su manto y lo lanzaron al pozo.

Entonces, algunos hombres en camellos pasaban por allí. «Eh», dijeron los hermanos, «vendámoslo para que sea un esclavo». Ellos vendieron a su propio hermano.

**Eso que los hermanos hicieron fue horrible.
¿Qué pasaría después?**

José el esclavo

Génesis 39:1–6

José no estaba solo. Dios lo estaba protegiendo. Pronto un hombre rico llamado Potifar lo compró para que fuera su esclavo. José trabajó e hizo muy bien todo lo que Potifar le pidió que hiciera.

Por esto Potifar puso a José a cargo de toda su casa y todos tenían que obedecerle.

Aun cuando parece que las cosas van mal, Dios está protegiendo a sus hijos. Ahora mismo Él te está protegiendo.

José en la cárcel

Génesis 39:6–20

Todo iba de maravilla para José, hasta que un día la esposa de Potifar trató de engañarlo. Ella dijo mentiras acerca de José y Potifar le creyó a ella.

Potifar mandó a José a la cárcel. ¡Pobre José! Sus hermanos lo vendieron, una mujer mintió acerca de él y luego lo lanzaron a la cárcel. Eso no era justo. Pero Dios tenía un plan para José.

**Nos ocurren muchas cosas que no son justas.
Pero Dios siempre tiene un plan para ayudarnos.**

José explica sueños

Génesis 40:1–13, 20–21

En la cárcel, uno de los prisioneros, le contó a José un sueño que había tenido. José escuchó con atención y Dios le mostró qué significaba el sueño de aquel hombre.

José le dijo que en tres días el hombre estaría trabajando para el rey de Egipto como lo hacía antes de que lo mandaran a la cárcel. Por supuesto, eso mismo sucedió.

José supo lo que Dios haría. Él había aprendido a escuchar a Dios. Tú también puedes.

El sueño del rey

Génesis 41:1–36

Una noche el rey de Egipto soñó que siete vacas flacas salían del río y se devoraban a siete vacas gordas. Nadie podía explicar qué significaba aquel sueño.

«Llamemos a José», dijo el primer hombre que había contado en la cárcel su sueño a José. Lo hicieron así y Dios mostró a José qué significaba el sueño del rey, y lo puso al mando. Serían siete años de mucha comida y luego serían siete años casi sin comida.

Era un sueño que daba miedo, ¿no es así?
Algunas veces nuestros sueños significan algo,
pero otras veces son sólo sueños.

Los hermanos de José visitan Egipto

Génesis 41:46–42:6

Durante los próximos siete años, José almacenó gran cantidad de comida. Entonces el tiempo de hambre llegó. Fue malo para otras tierras pero el pueblo de Egipto tenía comida.

La familia de José, en su tierra natal, tenía mucha hambre. «Vayan a Egipto y compren grano», dijo Jacob a sus hijos. Así que diez hermanos hicieron sus maletas y se fueron a Egipto. El hermano menor, Benjamín, se quedó en casa.

¿Qué crees que harán los hermanos de José cuando lo vean?

Un día los hermanos de José necesitaron más alimentos. Ellos regresaron a Egipto y trajeron con ellos a Benjamín. José ordenó a sus sirvientes que prepararan una fiesta para ellos.

Cuando José llegó a la fiesta, todos los hermanos hicieron reverencia ante él. Tal como en el sueño de José acerca de los manojos de trigo de sus hermanos que se inclinaban ante el suyo.

¿Piensas que el sueño de José se hizo realidad?

José engaña a sus hermanos

Genesis 43:29–44:13

Cuando José vio a Benjamín se puso tan feliz que comenzó a llorar aunque no dejó que nadie viera sus lágrimas. José entregó a los hermanos el grano que querían.

Pero los engañó. Él puso su copa en el saco de Benjamín. La ley decía que cualquiera que tomara algo del gobernador tendría que ser su sirviente para siempre. Benjamín no pudo regresar a casa.

José engañó a sus hermanos pues él quería saber si sus corazones habían cambiado o si permitirían que alguien tomara a otro hermano.
¿Qué pasaría después?

Jacob va a Egipto

Génesis 44:3–45:28

Los hermanos le rogaron a José que no se quedara con Benjamín. José vio que sus corazones habían cambiado. Él les dijo: «Yo soy José, su hermano. Ustedes me vendieron para que fuera esclavo, pero Dios me envió aquí para salvarles la vida».

«Apúrense, vayan a casa y traigan aquí a nuestro padre y a sus familias». Fue así como el pueblo de Dios, los israelitas, vinieron a vivir en Egipto.

Dios siempre tiene un plan.
Para ti también tiene un plan.

Un bebé varón

Éxodo 1:22–2:2

Luego de muchos años un rey malvado y anciano ordenó: «Cada vez que nazca un bebé israelita varón tienen que lanzarlo al río». ¡Eso era terrible!

Un día una mujer israelita tuvo un bebé varón muy lindo. Ella decidió ocultar a su bebé del perverso rey y sus ayudantes, y lo puso en el río. Esta fue una buena decisión.

Cuando tomamos la decisión correcta, Dios siempre nos ayuda. Veamos que ocurrió después.

Una princesa encuentra a Moisés

Éxodo 2:5-10

Dios estaba protegiendo al bebé. Cuando la princesa vino al río a bañarse vio la canasta. «Ve y trae aquella canasta», le dijo a su sirvienta.

La princesa miró dentro de la canasta. En ese mismo momento el bebé lloró y ella sintió pena por él. La princesa decidió cuidar de él como su hijo. Ella lo llamó Moisés.

¡Esto fue emocionante! Moisés iba a ser un príncipe de Egipto. Pero algo mejor aún estaba a punto de ocurrir.

Moisés huye

Éxodo 2:11–3:3

Después de un tiempo Moisés fue al palacio a vivir. Moisés hizo algo muy malo cuando era adulto. Él mató a un hombre.

Moisés huyó al desierto. Se casó con una mujer llamada Séfora. El nombre del padre de ella era Jetro. Un día cuando Moisés estaba afuera con las ovejas, vio un arbusto en el desierto. Estaba en llamas pero no se quemaba.

¿Qué estaba pasando?
¿Por qué no se quemaba el arbusto?

Extraño fuego

Éxodo 3:4–12

Moisés fue a ver ese extraño fuego. Dios le habló a Moisés desde el fuego. «No te acerques. Quítate las sandalias. Estás en tierra santa». Moisés estaba asustado. Cubrió su cara. «Ve, saca a mi pueblo de Egipto», le dijo Dios.

«No puedo hacer eso», dijo Moisés. Dios prometió a Moisés ayudarlo a guiar al pueblo.

Siempre que Dios nos pide que hagamos cosas difíciles, Él nos ayudará. Veamos cómo Dios ayudó a Moisés.

El rey dice: ¡No!

Éxodo 5:1–9

Moisés caminó hacia el rey y le dijo: «Dios dice: "¡Deja ir a mi pueblo!"» El rey dijo: «Yo no conozco a tu Dios. ¿Por qué debo obedecerlo? Esta gente tiene trabajo que hacer. No se pueden ir».

Entonces el rey obligó al pueblo a trabajar aún más duro. ¡Qué hombre tan malvado! Esto hizo que los líderes israelitas se enojaran contra Moisés.

¿Un error?

Éxodo 5:19–6:9

Los líderes israelitas estaban enojados.
Ellos pensaban que Moisés seguramente
había cometido un gran error. «Hiciste
que el rey nos odiara», le dijeron ellos.

Moisés habló con Dios: «Señor, ¿por qué le has ocasionado este problema al pueblo? ¿Es para esto que me enviaste aquí?» Dios le respondió: «Verás lo que le haré al rey».

A veces aunque hacemos lo bueno, las cosas se ponen peor por un tiempo. Entonces necesitamos recordar que Dios puede ver más allá que nosotros.

La vara milagrosa

Éxodo 7:8-13

Dios envió a Moisés y a Aarón a presentarse de nuevo ante el rey. «Deja ir al pueblo de Dios», le dijo Moisés. «Haz un milagro», le respondió el rey. Aarón lanzó al piso su vara y esta se convirtió en una culebra.

Los hechiceros del rey lanzaron al piso sus varas y también se convirtieron en culebras, pero la culebra de Aarón las devoró a todas. El poder de Dios era el más fuerte. Pero el rey era tan malvado y su corazón estaba tan duro que dijo: «No, tu pueblo no se puede marchar».

Esto se está poniendo más y más difícil. ¿Cómo rescatará Dios a su pueblo?

Un río se convierte en sangre

Éxodo 7:14-24

Dios le dijo a Moisés: «Ve a encontrarte con el rey en el río. Dile que deje ir a mi pueblo o convertiré el río en sangre». Por supuesto, el rey dijo que no. Así que Aarón golpeó el agua con su vara y el río se convirtió en sangre.

El río olía horrible y no había agua para
que las personas tomaran.

**Algunas veces las personas no quieren escuchar a
Dios. ¿Qué más crees que le ocurrirá a ese rey terco?**

Ranas y más ranas

Éxodo 7:25–8:15

Después de siete días Moisés regresó ante el rey. «Deja ir al pueblo de Dios», le dijo Moisés. «No», le respondió el rey.

Esta vez Dios envió ranas. ¡No simplemente una o dos, sino más de las que cualquiera podría contar! Las ranas entraron en las casas, en las camas, en la comida y en los hornos. Las ranas eran repugnantes y estaban por todas partes.

Dios hablaba en serio. ¿Cuán peor crees que se pondrían las cosas antes de que el rey dijera que sí?

Mosquitos, moscas y úlceras

Éxodo 8:16–9:12

Cada vez que el rey decía no, las cosas iban poniéndose de mal en peor en Egipto. Dios envió piojos pequeños, diminutos que se arrastraban sobre todas las personas.

86

Luego Dios envió millones de moscas. Estaban por todas partes. Las vacas enfermaron y murieron. Entonces las personas enfermaron con llagas grandes llamadas *úlceras*. Pero el rey continuó diciendo cada vez: ¡No!

¡Sin dudas era un rey terco! ¿Puedes imaginarte que cosa tan terrible vino después?

Granizo, langostas y oscuridad

Éxodo 9:13–10:29

Luego Dios mandó una tormenta. Trozos grandes de hielo llamados *granizo* machacaron cada planta contra la tierra. Entonces los saltamontes hambrientos llamados *langostas* volaron hasta allí traídos por el viento. Había muchos de ellos, la gente no podía ver la tierra. Las langostas se comieron todos los alimentos.

Entonces Dios envió tinieblas justo al mediodía. Los egipcios no podían ver nada pero el rey de nuevo dijo que no.

¿Por qué piensas que el rey continuó diciendo que no?

Cenar parado

Éxodo 11:1–12:28

Dios le ordenó a su pueblo que preparara una comida de cordero asado y que cenaran de pie con todas sus ropas puestas.

Les dijo que tuvieran sus varas en las manos. Dios sabía que pronto el rey cambiaría de opinión y su pueblo necesitaba estar preparado para partir.

Aquella noche los niños se quedaron despiertos hasta tarde y cenaron esa comida junto con sus padres. ¿Dime qué piensas que ocurrió después?

Un camino seco

Éxodo 14:15–31

Cuando el pueblo salió de Egipto marchó hacia el desierto. El rey cambió de opinión y los persiguió. Cuando llegaron al mar Dios movió la gran nube detrás de su pueblo para ocultarlos. Los egipcios no podían ver nada.

Entonces Moisés levantó su mano sobre el mar. Durante toda la noche Dios empujó el mar con un viento fuerte y el agua se dividió para formar un camino seco hasta el otro lado. Los israelitas llegaron a salvo al otro lado. Pero cuando el ejército egipcio trató de utilizar el mismo camino, el agua se volvió a unir y cubrió a los soldados. Este fue el final del ejército del rey.

**¿Te imaginas algo así como caminar
por el medio del mar?**

Alimento y agua

Éxodo 15:22–17:7

Dios guió a su pueblo a través del desierto. Dios los amó. Él se aseguró que tuvieran bastante comida y agua. Él les dio una extraña comida blanca llamada *maná*. Este alimento venía del cielo y era muy bueno para ellos, pero el pueblo se quejaba y se quejaba.

Una vez Dios hasta hizo salir agua de una roca para que ellos tuvieran agua fresca para beber. La gente estaba contenta de tener agua. Ellos dejaron de quejarse por un rato.

Dios quiere que seamos agradecidos. ¿Por qué cosas estás tú agradecido? ¿Qué debes decirle a Dios?

Los Diez Mandamientos

Éxodo 20:2–17; 24:12–18

Un día Dios llamó a Moisés que subiera hasta la cima de una montaña para tener una conversación.

Dios le dio muchas reglas a Moisés para ayudar a su pueblo a saber cómo vivir. Dios escribió las reglas en piedra con su dedo. Nosotros llamamos estas reglas Los Diez Mandamientos.

Dios nos da reglas para mantenernos a salvo.
Las reglas nos ayudan a tener vidas felices.
Papá y mamá tienen reglas también.
¿Puedes mencionar una de esas reglas?

Una caja santa

Éxodo 25:10–22; 40:20–21, 34–38

Una de las cosas que el ayudante de Moisés, Bezaleel, hizo para la tienda santa, donde viviría Dios, fue la caja santa. Él cubrió la caja con oro puro y le hizo una tapa de oro puro también.

Moisés puso las tablas de piedra de los mandamientos de Dios dentro de la caja santa. Bezaleel y Moisés trabajaron duro para hacerlo todo perfecto. Cuando la tienda santa estuvo terminada, la presencia de Dios la llenó toda. Dios había venido a vivir con su pueblo.

En la actualidad, ¿a dónde van las personas a adorar a Dios?

Moisés y Josué

Éxodo 33:7–11

Antes de construir la tienda santa,
Moisés debía preparar otra tienda fuera
del campamento. Cuando Moisés iba
a la tienda para hablar con Dios, con
frecuencia llevaba con él a un hombre
joven llamado Josué.

Todo el pueblo se quedó parado afuera y vio a los dos hombres pasar adelante. Tan pronto como Moisés y Josué estuvieron dentro de la tienda, la gran nube bajó y cubrió la entrada.

¿Qué supones que estaba pasando dentro de la tienda? Veamos.

Dentro de la tienda

Éxodo 33:11; Josué 1:1-9

Dentro de la tienda, Dios y Moisés conversaron como viejos amigos y Josué escuchaba. Esta fue una de las maneras en que Moisés enseñaba a Josué cómo ser un líder del pueblo de Dios.

Cuando Moisés salió de la tienda hacia su casa, Josué prefirió quedarse en la tienda.

Llegar a conocer a Dios era importante para Josué. Dios tenía para él mucho trabajo por hacer.

Tú también puedes llegar a conocer a Dios si oras y escuchas lo que Él dice en la Biblia.

Moisés ve a Dios

Éxodo 33:18–23; 34:29–35

Un día Moisés le preguntó a Dios: «¿Me mostrarás cuán grande eres?» Dios colocó a Moisés dentro de una grieta en una roca y pasó frente a él.

Moisés sólo vio la espalda de Dios pero fue suficiente. La cara de Moisés se puso tan brillante por haber estado cerca de Dios que la gente no podía mirarlo. Moisés tuvo que cubrirse su cara para que la luz no quemara los ojos de ellos.

Tremendo. Moisés en realidad estuvo cerca de Dios, ¿no es así? ¿Cómo crees que nosotros podemos acercarnos a Dios?

Doce hombres exploran

Números 13:1–14:35

Un día Moisés mandó a doce hombres a explorar la tierra que Dios había prometido a su pueblo. La tierra tenía muchos alimentos pero las personas que vivían allí eran como gigantes. Dos hombres, Josué y Caleb, dijeron: «No se preocupen. Dios está con nosotros y Él es más fuerte que cualquier gigante».

Pero los otros hombres tuvieron miedo y dijeron: «Nosotros no podemos entrar en esa tierra». Dios no estaba contento con su pueblo. Ellos no confiaron en Él. Así que el pueblo de Dios tuvo que andar de un lado para otro en el desierto por cuarenta años más.

Dios quiere que creamos en su Palabra.
De los doce hombres que exploraron la nueva tierra,
¿quiénes fueron los dos que confiaron en Dios?

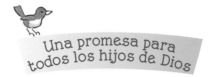

Ningún mortal ha visto,
ni oído, ni imaginado
las maravillas que Dios
tiene preparadas
para los que aman al Señor.

1 Corintios 2:9